RING

DÉTRUIRE LE FASCISME ISLAMIQUE

ZINEB

DÉTRUIRE
LE FASCISME
ISLAMIQUE

document

ring.fr
ÉDITIONS RING

Collection
DOCUMENT

—

RING
www.ring.fr

—

Tous les droits de traduction,
de reproduction et d'adaptation
réservés pour tout pays.

© RING ÉDITIONS, 2016

Aux athées musulmans

« Quand on considère le racisme, il ne faut pas considérer l'antiracisme comme un état de lutte avec l'extérieur, il faut aussi le considérer comme un état de lutte contre soi. Je ne crois pas qu'on ne m'ait jamais traité de raciste, c'est pourquoi je puis dire que je suis certainement entaché de racisme par mon enfance, et qu'on ne s'en débarrasse que par une lutte constante. Il y a eu chez moi à un certain moment une façon d'être trop gentil avec des gens qui venaient du tiers-monde, c'était alors les colonies, et qui m'apportaient un manuscrit qui était mauvais. A un Français, à un Blanc, j'aurais dit : il est mauvais. A eux, je prenais pour le dire des circonlocutions que je prenais pour de la courtoisie, et qui en réalité traduisaient un certain racisme dont d'ailleurs je me suis débarrassé depuis. Mais il y a certainement d'autres niveaux de racisme que j'ai encore et dont je peux me débarrasser. »[1]

Jean-Paul Sartre.

---

[1] Entretien accordé à Madeleine Gobeil et Claude Lanzmann au micro de Radio Canada, 15 août 1967.

L'islamophobie, une imposture intellectuelle

Islamophobie : [islamɔfɔbie] nom féminin, hostilité envers l'islam, les Musulmans[1].

Ça y est, le terme est entré dans le dictionnaire, exactement sous la forme souhaitée par ses partisans : être islamophobe, c'est se montrer hostile, sous quelque forme que ce soit, envers l'islam[2] en tant que religion ou culture, et envers les Musulmans, qu'ils soient pratiquants ou pas, qu'ils aient choisi la foi de Mahomet ou qu'ils y soient simplement nés, qu'ils se définissent eux-mêmes comme musulmans ou qu'ils soient perçus comme tels. L'islam en tant que foi n'est pas distingué de l'Islam en tant que

---

1 Définition du site larousse.fr
2 Islam est écrit avec un I majuscule lorsqu'il désigne les sociétés islamiques, et avec un i minuscule lorsqu'il désigne le dogme religieux.

civilisation, ni des Musulmans, sans déterminer si ceux-ci sont définis par l'appartenance culturelle à cette religion, par l'hérédité, ou encore par sa pratique partielle ou intégriste. Emettre une critique envers l'Islam c'est se rendre coupable de facto d'un *argumentum ad hominem* envers des centaines de millions de personnes dans le monde, ainsi réduites à un ensemble humain homogène. Etre islamophobe, c'est être raciste, puisque c'est être hostile à un groupe humain défini par son appartenance à une race nouvelle, la race musulmane, et non par son adhésion à une idéologie religieuse. Autrement dit, si vous pensez que l'islam réserve un triste sort aux femmes, si vous rappelez que le djihad était pratiqué par son prophète lui-même et non pas inventé par des terroristes au XXe siècle, si vous vous indignez que cette religion punisse de mort ses apostats, si vous déniez sa qualité de saint homme à Mahomet pour avoir épousé une fillette de 6 ans[1], ou encore si vous faites allusion aux massacres commis par ses armées, vous êtes *islamophobe*. Et si vous êtes islamophobe, cela signifie automatiquement que vous vouez une haine personnelle à chaque musulman, sans que cette étiquette identitaire ne soit définie par l'idéologie, les actes ou la pratique de l'Islam.

---

1 Mahomet a épousé Aïcha Bint Abî Bakr lorsqu'elle n'était âgée que de 6 ans (7 ans selon certaines sources islamiques), alors qu'il en avait 53. L'ensemble des Ouléma musulmans s'accordent à dire que le mariage n'a été consommé que lorsqu'elle a atteint l'âge de 9 ans.

Ceux que les islamistes, les racistes, les différentialistes culturels et les communautaristes appellent les Musulmans, regroupent des athées, des athées militants, des agnostiques, des déistes, des non-pratiquants, des pratiquants partiels, des « je-m'en-foutistes », des dévots ou des radicaux militants. Les islamistes sont ceux parmi eux qui estiment que leur pratique personnelle de la religion islamique doit prévaloir sur les lois de la République, ou encore ceux qui œuvrent à instaurer une pratique collective de l'islam nécessitant des aménagements juridiques pour créer en France une enclave de la *Oumma*[1]. Ce sont ces deux dernières catégories de Musulmans qui sont choisies par certains hommes politiques ou médias français pour ajuster le standard identitaire de la « communauté » musulmane supposée. Le reste des Musulmans, ceux qui ne se définissent pas essentiellement par l'Islam, ne sont cités que comme alibi au discours prétendument antiraciste des partisans de l'islamophobie. Ils ne servent que d'illustration à la rhétorique du « pas d'amalgame » qui désamorce toute désignation franche des textes religieux islamiques sur lesquels s'appuient les islamistes pour bâtir leur règne, que ce soit par le combat social ou par les armes. Si aucun esprit sain ne peut prétendre que tous les Musulmans sont des terroristes, rappeler que tous les terroristes sont des islamistes et non

1 Etat islamique.

des déséquilibrés ou des criminels de droit commun, c'est s'exposer à l'accusation d'islamophobie. Celle-ci sert à noyer les islamistes et leur bras armé terroriste dans la masse des Musulmans à chaque fois que leur idéologie suscite des critiques. C'est d'ailleurs là, le véritable amalgame.

Voici comment une confusion sémantique entre l'aversion, voire la simple critique d'une idée – une religion – et la haine viscérale d'un très large groupe de personnes, est devenue l'outil discursif principal des islamistes qui sévissent en démocratie. De leur part, cette confusion entre islam et Musulmans est délibérée, car comme leurs jumeaux-ennemis de l'extrême droite européenne, ils ne considèrent pas le Musulman comme un individu, mais comme une communauté. En effet, si les islamistes et ceux qui les soutiennent prétendent agir par réaction à l'extrême droite, ils n'en usent pas moins des mêmes outils dialectiques. Pour eux, la société étant faite de communautés ayant des intérêts antagonistes, les droits ne sont pas universels mais communautaires. Si la communauté « autochtone » prévaut aux yeux de l'extrême droite traditionnelle par son ancienneté dans le pays et la supériorité de sa civilisation, la communauté musulmane prime pour les islamistes sur le reste du monde par la volonté d'Allah, prédominant celle des hommes.

Grâce à cette ruse sémantique, les islamistes ont réussi à poser en France la première pierre du joug totalitaire qu'ils ont construit ailleurs par la coercition ou la terreur. Ils crient en chœur « ceci n'est pas l'islam » à chaque fois qu'un attentat terroriste islamique est commis dans le monde, mais ils veillent en même temps à priver la société de tout moyen de lutter contre les manifestations de la même idéologie criminelle qu'ils désavouent hypocritement. Ils tiennent alors le bon sens en otage : les terroristes ne représentent pas l'islam, mais toute personne qui dénonce leur idéologie est accusée de porter atteinte à l'ensemble des Musulmans. Si vous refusez de vous soumettre à cette équation, vous êtes islamophobe. Pour éviter cette étiquette qui fait de vous un raciste, il ne vous reste plus qu'à chercher la cause du terrorisme dans les problèmes sociaux, la pauvreté, le chômage, le colonialisme et les politiques étrangères des Etats occidentaux. Pour ne pas être islamophobe, il faut trouver les racines du mal partout ailleurs que là où elles se trouvent : dans les textes islamiques, dans la *Sîra*[1] du prophète et dans la longue histoire de violence des régimes islamiques successifs depuis l'avènement de l'islam. Pour ne pas être islamophobe, la société est sommée d'admettre comme normales les manifestations de l'islam radical qui enfantent du terrorisme, puis de ne voir en l'acte terroriste

---

1 Biographie du prophète.

lui-même qu'un crime de droit commun, forfait d'un déséquilibré, une réponse aux injustices perpétrées par l'Occident, voire un juste retour à son propre racisme. Car aux yeux des islamistes, tant que l'Occident n'est pas soumis à l'Islam, la loi universelle d'Allah valable pour tous les hommes en toutes contrées, il sera raciste.

Mais l'ambition des islamistes ne s'arrête pas là. Las d'exiger l'application du délit de blasphème en Europe, ils se sont rabattus sur l'islamophobie, notion à laquelle ils s'évertuent à donner une valeur légale. Le racisme en France n'est pas une opinion, mais un délit. Si l'islamophobie telle que définie dans le dictionnaire est du racisme, alors la critique de l'islam pourrait être punie par la loi. L'intention est annoncée d'emblée dans le slogan du Collectif contre l'islamophobie en France (CCIF) : « L'islamophobie n'est pas une opinion, mais un délit. » Il s'agit de détourner les lois antiracistes, fruit d'une accumulation de luttes socioculturelles auxquelles les islamistes n'ont jamais contribué, pour sacraliser l'islam en le soustrayant à toute critique. Le CCIF définit l'islamophobie comme : « l'ensemble des actes de discrimination ou de violence contre des institutions ou des individus en raison de leur appartenance, réelle ou supposée, à l'islam. » Loin de lui donc l'idée de faire taire les objections envers la religion islamique.

Si sa définition réserve dans la forme plus d'espace à la critique que celle du Larousse, le CCIF se fait pourtant le fer de lance d'un concept qui n'apporte rien de plus au combat antiraciste. La notion d'islamophobie se greffe sur l'antiracisme pour vider le racisme de son sens : un Maghrébin n'est pas rejeté en tant que tel, mais parce qu'il est musulman. Un Africain de confession chrétienne serait moins sujet à la discrimination que son compatriote musulman. Il suffirait donc aux populations traditionnellement visées par la xénophobie en France de se convertir au christianisme pour que le racisme disparaisse comme par enchantement. Dans sa littérature, le CCIF utilise systématiquement le qualificatif de « femme musulmane » dans les dossiers impliquant des femmes voilées. Ainsi, si ces femmes font l'objet de discriminations, ce n'est pas dû à l'idéologie islamiste dont elles se font l'étendard, mais à leur simple appartenance à l'Islam. Sans jamais renier ouvertement le droit universel à la critique des idées, l'activisme du CCIF exploite l'arsenal juridique des lois antiracistes pour promouvoir indirectement l'idéologie islamiste, en contribuant à sa normalisation au sein de la société, et en appelant à pénaliser l'hostilité qu'elle suscite. Le CCIF se prévaut par exemple de n'avoir jamais porté plainte contre « des journaux satiriques qui se targuaient d'insulter la religion musulmane, notamment à travers son prophète », et ce « malgré sa condamnation sur le fond des idées ». Sur son site, le collectif balaye d'un revers de main le débat sémantique autour du terme d'islamophobie sous prétexte qu'il est aujourd'hui largement employé dans les sphères politiques et qu'il a même été reconnu par des institutions comme la Commission nationale consultative pour les Droits de l'Homme (CNCDH), dont le CCIF est l'un des principaux interlocuteurs. Dans son rapport de 2013, celle-ci dénonçait une « banalisation des expressions racistes sur fond de cyber-anonymat, de culture de la parole-choc, de débat sur les contours de l'humour, voire de défiance à l'endroit d'un discours antiraciste perçu comme censeur ». Deux ans plus tard, en 2015, les « contours de l'humour » voulus par les islamistes apparaissent plus clairement après le massacre à la kalachnikov des employés de *Charlie Hebdo*, dénoncés comme islamophobes.

Le chantage à l'islamophobie s'entoure d'arguments de droit pour draper l'inacceptable d'un voile de normalité dans des sociétés démocratiques où les libertés ont été consacrées avant tout pour défendre un projet de société libre. Immigration, racisme, xénophobie, oppression des minorités, réminiscences du colonialisme, marginalisation et problèmes sociaux sont autant de problématiques réelles appelées à la rescousse par les islamistes pour

faire avancer leur projet d'une société soumise à la loi d'Allah. Dans quelle mesure l'adoption du mode de vie salafiste peut-elle être considérée comme un innocent choix individuel lorsqu'il est l'expression de l'adhésion à une idéologie fasciste qui ne s'envisage que de façon totalitaire ? Il suffit de regarder les pays où l'islam est appliqué, partiellement ou intégralement, pour se rendre compte du peu de cas que font les islamistes des principes universels dont ils se prévalent en démocratie. Pas une seule théocratie islamique n'accorde la liberté de conscience et de culte à ses citoyens. Mais dans un contexte européen qui sanctuarise les droits humains, l'islamiste se place en minorité et défend le droit à la différence qu'il ne tolère pas chez lui. Oui, il veut bien être un défenseur de la liberté, mais seulement celle d'être encore plus religieux. L'islamiste œuvre à isoler sa communauté, à ériger un mur vestimentaire, culturel, linguistique, géographique et juridique, entre les Musulmans et les autres, mais c'est lui qui accuse tout le monde de le haïr. L'islamiste fustige la haine non pas parce qu'il ne la ressent pas, mais parce qu'il estime en avoir le monopole. Pire, l'islamiste pense être dépositaire de la « haine légitime » qu'il conçoit comme étant la volonté de Dieu. Si vous lui contestez ce monopole, vous êtes islamophobe.
L'islamiste emprunte la dialectique démocratique, se dit représentatif d'un grand nombre pour mieux opprimer les minorités. Et à défaut d'être une

religion d'Etat, l'Islam politique prétendra respecter la diversité religieuse pour mieux orchestrer l'inviolabilité de son périmètre. L'apparat salafiste, uniforme de Daech et des théocraties islamiques, est défendu par les islamistes comme une expression inhérente à l'identité musulmane, et son rejet comme une discrimination de l'ensemble des Musulmans. Vous pensez justement que diviser les êtres humains en groupes homogènes régis par des lois différentes est raciste, mais l'islamiste prétend également avoir le monopole du racisme. Il refuse que ceux de sa foi épousent des Juifs, des Chrétiens ou des athées, mais cette discrimination est pour lui la volonté de Dieu à laquelle il veille sur terre. Si vous lui faites remarquer qu'il est raciste, vous êtes islamophobe.

En attendant de faire de l'islamophobie une arme juridique pour museler toute critique à son égard, l'islamiste continue de faire comme si l'Islam n'avait aucune raison de faire peur. Il prétend que les terroristes ignorent le « vrai » islam, une « religion de paix et d'amour ». Si vous le croyez, c'est vous qui êtes ignorant de l'islam, de son hégémonisme et de son caractère intrinsèquement politique. C'est vous qui ignorez que pour le prophète et ses compagnons, le monde se divisait en deux : *Dar ul-Islam,* la maison de l'Islam, et *Dar ul-Harb,* la maison de la guerre. C'est vous qui, pour échapper à l'accusation de racisme, encensez les Lumières en Occident et les déniez à l'Islam. L'ignorance de l'islam ne mène non pas au terrorisme, puisque les soldats d'Allah s'appuient sur des textes qu'ils connaissent par cœur, mais à son acceptation par vous comme un fait exogène à cette religion. Tant que vous n'aurez pas déconstruit la dialectique pernicieuse des islamistes, vous ne serez rien moins qu'un de leurs innombrables idiots utiles.

La chimère du « vrai » islam

Les islamistes ne répondent jamais à une question que seul un « islamophobe » oserait leur poser : mais où est-il donc, le « vrai » islam ? Est-il en Arabie saoudite où l'on coupe des têtes et des mains ? En Iran où l'on condamne à la pendaison pour un oui ou pour un non ? En Malaisie, où certains Etats vont jusqu'à interdire le rouge à lèvres ? En Somalie, où les Shebab ont fait allégeance à l'Etat islamique et ont achevé de détruire le pays ? En Tunisie, où malgré le féminisme de Bourguiba, les femmes n'héritent toujours pas à égalité avec les hommes ? En Mauritanie où l'on pratique encore l'esclavage ? Au Maroc, où l'Etat taxe l'alcool et sanctionne ceux qui le consomment ? La vérité, c'est qu'aucune théocratie islamique, dure ou « modérée », n'a jamais pu siéger au rang des

Etats démocratiques dans le monde. Là où l'Islam fait loi, la démocratie, la justice, les droits humains, l'égalité homme-femme et les libertés font défaut.

Le « vrai » islam, diront les islamistes, la Cité idéale d'Allah, c'est l'Etat primitif du prophète et de ses compagnons. Le Messager de Dieu et les *Sahâba,* ses contemporains qui l'ont aidé à bâtir la *Oumma* des débuts, sont ceux que les Musulmans désignent comme *as-Salaf as-Sâlih,* les ancêtres vertueux. C'est l'exemple de ces glorieux prédécesseurs qui a donné naissance à l'idéologie salafiste. Le salafisme ne consiste pas à faire une lecture littéraliste du Coran comme le soutiennent certains, mais à imiter en tout l'exemple des *Salaf.* Il n'y a rien de ce que promeut l'idéologie salafiste aujourd'hui dont on ne puisse trouver le fondement dans l'exemple de cette Cité primitive. Ces redoutables salafistes ne font que traduire leur nostalgie de la *Oumma* première et reproduire à l'identique les actes de Mahomet et de ses compagnons. Les crimes les plus abjects de l'Etat islamique ne sont qu'un remake au XXIe siècle de ce que les Musulmans des premiers temps avaient accompli sous la guidance du prophète. Il suffit d'ouvrir n'importe quel recueil de *Sîra* pour se rendre compte que l'esclavage sexuel et domestique, les massacres des non-musulmans, notamment des Juifs, la pédophilie, le rapt, le pillage, la polygamie et les exécutions sommaires, ne sont que des appellations modernes de pratiques largement répandues dans l'Arabie antéislamique. A son avènement, l'islam les a adoptées au lieu d'y mettre fin.

Dans le Coran, première source de jurisprudence en islam, la pratique de l'esclavage et de la polygamie est explicitement autorisée. Dans le verset 50 de la sourate 33, *al-Ahzâb* (les coalisés), Allah s'adresse à son Messager : « Ô prophète ! Nous t'avons rendues licites tes épouses à qui tu as donné leur dot, ce que tu as possédé légalement parmi les esclaves qu'Allah t'a destinées, les filles de ton oncle paternel, les filles de tes tantes paternelles, les filles de ton oncle maternel, et les filles de tes tantes maternelles, celles qui avaient émigré en ta compagnie, ainsi que toute femme croyante si elle fait don de sa personne au prophète, pourvu que le prophète consente à se marier avec elle : c'est là un privilège pour toi à l'exclusion des autres croyants. Nous savons certes, ce que Nous leur avons imposé au sujet de leurs épouses et des esclaves qu'ils possèdent, afin qu'il n'eût donc point de blâme contre toi. Allah accorde Son pardon et Sa miséricorde. » La polygamie et la possession de concubines sont également expressément autorisées dans le verset 3 de la sourate 4, *an-Niss*âa (les femmes) : « Il est permis d'épouser deux, trois ou quatre parmi les femmes qui vous plaisent, mais si vous craignez de n'être pas justes avec elles, alors une seule, ou des esclaves que vous possédez. Cela afin de ne pas faire d'injustice. » L'examen de la *Sîra* permet de constater que les esclaves auxquelles le Coran fait référence n'étaient pas toujours détenues par les croyants avant l'avènement de l'islam, mais avaient été faites captives par les Musulmans eux-mêmes. L'épisode des massacres des tribus juives médinoises des *Banû Qaynuqâ'* et des *Banû Qurayza* est particulièrement instructif sur les mœurs guerrières des *Salaf*. La Sîra d'*Ibn Hichâm*[1] et la *Sîra al-Halabiya*[2] reviennent sur cet épisode de l'histoire islamique en détail. Deux ans après avoir fait son Hégire de la Mecque vers Médine, Mahomet avait rassemblé les *Banû Qaynuqâ'*, une tribu juive qui vivait dans les faubourgs de la ville de *Yathrib*[3], pour les sommer de se convertir à l'islam. Devant leur refus, il attendit l'événement qui allait lui permettre d'écrire l'une des pages les plus sanglantes de son règne. Une femme *Ansâr*, descendante d'une tribu alliée aux Musulmans, s'était rendue chez un orfèvre juif pour y passer commande d'un bijou. Dans son échoppe, elle fut harcelée par lui pour qu'elle ôtât son voile. Un Musulman qui assista à la scène se précipita sur l'orfèvre et le tua

---

1 Abû Muhammad Abd al-Malik Ibn Hichâm, mort vers 834, généalogiste, grammairien et auteur de la biographie de Mahomet *Sîratu Rasûl-Illâh Muhammad Ibn Abdallâh,* plus connue comme la *Sîra* d'Ibn Hichâm.
2 As-Sîra al-Halabiya, biographie de Mahomet par Alî Burhân ad-Dîn al-Halabî (1460-1549), Alep.
3 Ancien nom de Médine.

d'un coup de poignard. Les Juifs *Banû Qaynuqâ'* entourèrent alors l'assassin et le lynchèrent. Lorsque Mahomet eut vent de cet incident, il déclara la guerre à la tribu juive qu'il assiégea avec ses troupes quinze jours et quinze nuits. Les hommes juifs qui étaient au nombre de sept-cent durent capituler, quitter la ville et y abandonner tous leurs biens. Des années plus tard, Mahomet fut moins magnanime avec les *Banû Qurayza*. Après avoir reçu l'ordre de Jibrîl, l'Archange Gabriel, d'attaquer la tribu juive, il rassembla ses troupes et leur expliqua qu'une « armée des anges » allait livrer bataille à leurs côtés. Il assiégea les *Banû Qurayza* vingt-cinq jours et vingt-cinq nuits jusqu'à ce qu'ils se rendissent, pensant que le prophète allait ordonner leur bannissement comme les *Banû Qaynuqa'*. Il donna l'ordre d'égorger tous les hommes, et se répartit les femmes, les enfants et le reste du butin avec ses soldats. Dans sa clémence, il interdît toutefois que les enfants prépubères tombés en captivité ne fussent séparés de leurs mères. Il s'octroyât la belle *Rayhâna* et en fit son épouse le jour même où il fit massacrer tous les hommes de sa famille. Quelques années plus tard, il fit la même chose avec les Juifs de *Khaybar,* à 150 kilomètres au nord de Médine, qu'il massacra et dont il pilla les biens, réduisant les femmes et les enfants en esclavage. Mahomet se choisit Safiya Bint Huyay et la prit pour épouse le jour où le butin fut réparti. La chronique rapporte qu'il avait crié :

« Faites taire cette folle ! », en entendant les hurlements d'une captive juive attribuée à son Muezzin Bilâl, lui-même ancien esclave, lorsque celui-ci la fit passer devant un amoncèlement de cadavres où elle reconnut les siens. L'histoire officielle islamique retint la grande humanité de l'Envoyé d'Allah lorsqu'il en fit le reproche à son compagnon : « Malheur à toi Bilâl ! Quel cœur as-tu pour lui infliger la vue des siens ainsi tués ? »[1] C'est probablement à ce genre de *Hadiths*[2] que font allusion ceux qui soutiennent dans les médias français que l'islam est une religion « d'amour et de paix ». L'inconscient collectif islamique n'a pas oublié la bataille de *Khaybar*. Aujourd'hui encore, dans les manifestations des mouvements islamistes à travers le monde, les foules scandent le célèbre slogan : « Khaybar ! Khaybar ! Ô juifs ! L'armée de Muhammad reviendra ! »

Les images des femmes chrétiennes et yézidies vendues sur le marché aux esclaves ont choqué le monde, mais pour les combattants de l'Etat islamique, ce n'est là que la stricte application de la charia de Dieu et de son prophète, car Allah a dit dans le verset 87 de la sourate 5 *al-Mâïda* (la table servie) : « Ô croyants, ne déclarez pas illicites les bonnes choses qu'Allah vous a rendues licites. Et ne transgressez pas, car Allah n'aime pas les transgresseurs. »

---

1 Livre de l'Histoire de Safiya Bint Huyay al-Nuduriya, as-Sîra al-Halabiya.
2 Enseignements du prophète.

Cette histoire de l'Islam est méconnue d'une très grande majorité de Musulmans, mais pas un seul imam ne peut prétendre l'ignorer. Certains préfèrent se cacher derrière des technicités exégétiques pour discréditer les chapitres les plus compromettants de la *Sîra,* sans jamais désavouer celle-ci, ni les Ouléma qui l'ont validée. Mais le corpus littéraire de l'islam est si truffé de récits accablants qu'il serait difficile de l'en épurer sans altérer les fondements du dogme.

Dans le Coran, parole de Dieu intouchée selon les Musulmans, texte qui nous serait parvenu pur et entier, Constitution des islamistes qui prime sur toutes les lois terrestres, les injonctions à la barbarie ne manquent pas non plus. Si les terroristes de Daech égorgent ceux qu'ils jugent mécréants, c'est parce qu'ils puisent leur législation dans des textes comme la 8ᵉ sourate du Coran, *al-Anfâl* (le butin), verset 12 : « Rappelle que ton Seigneur a révélé aux anges : Je suis avec vous, alors soutenez ceux qui ont cru. Je jetterai la terreur dans le cœur de ceux qui ont mécru. Vous pouvez les frapper au-dessus du cou et les frapper sur chaque doigt. » Confrontés à ces versets qu'ils psalmodient dans leurs mosquées, les imams se retranchent toujours derrière un prétendu problème de fausse interprétation. Ils martèlent inlassablement que le Coran est mal interprété, mais se gardent bien de déclarer obsolètes les versets appelant clairement au djihad. Selon eux, les expressions violentes de l'islam sont commises par des terroristes qui ne connaissent pas cette religion, et qui ne la représentent donc pas. Nous leur proposerons l'interprétation sans équivoque faite de ce verset dans le plus illustre des livres d'exégèse, *Tafsîr Ibn Kathîr*[1], en vente dans toutes les librairies islamiques de France : « couper les cous et les membres. » Lorsqu'un mufti saoudien enseigne à ses ouailles l'art de jouir de l'instant où ils trancheront la gorge d'un infidèle, ce n'est pas le fruit de son imagination malade, mais l'application de textes islamiques incontestés par la communauté des Ouléma. Dans *Musnad al-Imam Ahmad*[2], également disponible en librairie, Mahomet s'est adressé aux polythéistes mecquois en leur disant : « Par Celui qui détient l'âme de Muhammad, je suis venu pour vous égorger. » Dans *Musannaf Ibn Abî Chayba*[3], le prophète, mécontent d'avoir appris que ses émissaires avaient brûlé vif un homme réfugié en haut d'un arbre, a dit : « Je ne suis pas venu châtier avec le châtiment divin[4], je suis venu couper les cous et serrer les cordes. »[5]

---

1 'Imâd ad-Dîn Abû al-Fidâa Ismâ'îl Ibn Omar Ibn Kathîr, juriste, exégète et historien né en 1301 à Borsa en Syrie et mort en 1373 à Damas, auteur du *Tafsîr*, livre d'exégèse coranique.
2 L'Imam Ahmad Ibn Hanbal, fondateur de l'école de jurisprudence sunnite hanbalite, son *Musnad*, recueil de Sunna, contient plus de 26 000 Hadiths.
3 Abû Bakr Ibn Abî Chayba (781-857), auteur du Musannaf qui contient près de 37 200 Hadiths.
4 Référence aux flammes de la Géhenne.
5 Hadith numéro 32442.

Mahomet n'a pas coupé des têtes uniquement sur le champ de bataille. En tant que chef politique, il a aussi éliminé ses opposants, hommes ou femmes, parfois en leur administrant les pires supplices. C'est l'histoire de la vieille Umm Qirfa, racontée par l'imam at-Tabarî dans son *Târîkh*[1]. Cette poétesse qui avait treize enfants et plus de trente petits-enfants vouait une haine farouche à la religion naissante. Sa tribu, les *Fazâra,* avait attaqué une caravane commerciale conduite par le fils du prophète, Zayd Ibn al-Hâritha, tuant plusieurs de ses membres et pillant des marchandises appartenant à Mahomet. Zayd qui survécut à la razzia s'en retourna se plaindre à son père qui l'envoya se venger. Il appliqua la loi du Talion en égorgeant plusieurs *Fazâra,* et ordonna d'écarteler la vieille cheftaine en l'attachant par les membres à deux chevaux qu'il fit courir dans des directions opposées[2].

Malgré la cruauté du châtiment qu'il administra à Umm Qirfa, Zayd marqua la chronique islamique par une tout autre histoire. Il était encore enfant lorsque Khadîja, la première femme du prophète, l'offrit à son jeune époux pour leur mariage. Mahomet qui n'avait pas encore reçu la Révélation l'affranchit et en fit son fils adoptif. Des années plus

---

1 L'imam Abû Ja'far Muhammad Ibn Jarîr Ibn al-Yazîd (839 – 923), auteur de Târîkh at-Tabarî, Kitâb al-Umam wal Mulûk (Livre des nations et des rois).
2 *Târîkh at-Tabarî*, tome II, page 127 et 265.

tard, lorsqu'il devint l'Envoyé d'Allah, Mahomet se rendit chez Zayd et ne trouva que son épouse, Zaynab Bint Jahch, une jeune femme fière et belle. Les charmes de sa belle-fille ne le laissant pas insensible, il ordonna à son fils adoptif de la répudier afin qu'il en fît sa femme. Allah le Tout-Puissant qui préside à la destinée des Hommes, très préoccupé par la vie matrimoniale de son Messager, lui révéla alors le verset 37 de la sourate 33 *al-Ahzâb* (les coalisés) : « Quand tu disais à celui qu'Allah avait comblé de bienfaits, tout comme toi-même l'avais comblé : « garde pour toi ton épouse et crains Allah », et tu cachais en ton âme ce que Allah allait rendre public. Tu craignais les gens, et c'est Allah qui est plus digne de ta crainte. Puis quand Zayd eut cessé toute relation avec elle, Nous te la fîmes épouser, afin qu'il n'y ait aucun empêchement pour les croyants d'épouser les femmes de leurs fils adoptifs, quand ceux-ci cessent toute relation avec elles. Le Commandement d'Allah doit être exécuté. » Pour demander la main de Zaynab, Mahomet désigna Zayd lui-même comme émissaire. La *Sîra* rapporte qu'il lui fut si douloureux de jouer l'entremetteur entre son père adoptif et son ex-épouse qu'il dut lui tourner le dos pour lui soumettre la demande du prophète. Les *Quraych,* ces Arabes mecquois que le prophète était venu mettre sur le droit chemin, s'indignèrent qu'un homme, élu de Dieu fut-il, courtisât sa propre belle-fille. Allah envoya alors Jibrîl révéler le verset 40 de la même sourate : « Mahomet n'a jamais été le père de l'un de vos hommes, mais le messager d'Allah et le dernier des prophètes. Allah est omniscient. » Pour étouffer le scandale, il préféra que Zayd ne fût jamais son fils. Celui qui était connu jusque-là comme Zayd Ibn Muhammad devint Zayd Ibn al-Hâritha, comme l'exigea Allah dans le verset 5 de la même sourate : « Appelez-les du nom de leurs pères, c'est plus équitable devant Allah. Mais si vous ne connaissez pas leurs pères, alors considérez-les comme vos frères en religion ou vos alliés. Nul blâme sur vous pour ce que vous faites par erreur, mais vous serez blâmés pour ce que vos cœurs font délibérément. Allah cependant accorde pardon et miséricorde. » Aujourd'hui encore, partout où l'Islam fait loi, l'adoption est interdite. Elle est remplacée par la *Kafâla* (tutelle) qui interdit aux enfants adoptifs de porter le même nom que leurs parents et les exclut de l'héritage.

Citer en quelques pages tous les textes islamiques contrevenant à la morale d'aujourd'hui serait illusoire, tant ils sont nombreux. Même en se limitant à ceux du Coran et de la Sunna, et en excluant les centaines de livres de *Fiqh* (exégèse) dont les Ouléma enrichissent la science chaque année, il faudrait des chapitres entiers pour raconter l'extraordinaire histoire de l'homme ordinaire que fut

Mahomet. L'Islam est un livre ouvert pour qui veut le lire, il est consigné dans des dizaines de sources largement commentées et traduites. Plus qu'aucun autre prophète, Mahomet est celui dont le message et l'œuvre terrestre ont légué la plus dense littérature. Ses moindres faits et gestes ont été scrupuleusement consignés par les chroniqueurs de son temps. Un précieux trésor pour qui veut être guidé par ce chef suprême du plus noble Etat qui ait jamais existé, et que les fous d'Allah veulent reconstruire à l'identique en Syrie, en Irak, et partout où ils en auront l'occasion. Pour chacun des actes qui régissent leur quotidien, qu'il s'agisse de mœurs matrimoniales, d'hygiène de vie ou de style vestimentaire, c'est l'exemple de Mahomet qu'ils copient à la lettre.

Si la majorité des Musulmans ignore ces textes et ne retient de la religion que la pratique rituelle de la prière, du jeûne et du pèlerinage, ceux parmi eux qui les connaissent ne peuvent prétendre que l'islam est une religion de paix et d'amour qu'au prix d'un grotesque mensonge. Cette vérité est aujourd'hui inaudible en Occident : ce que l'on appelle l'islamisme n'est rien d'autre qu'une stricte application de l'islam. Non, l'islam n'est pas une religion de paix et d'amour, mais une idéologie qui enseigne la haine de l'autre, et qui consacre l'infériorité des femmes et celle des non-musulmans. Si ce n'était que l'archaïsme de ses textes, il serait en cela comparable aux autres religions bibliques. Mais, la prétention qu'a l'islamisme de hisser sa croyance tout en haut de l'échelle des valeurs en fait aujourd'hui l'un des totalitarismes les plus redoutables qui existent. A son avènement, l'islam était l'émanation d'un contexte tribal qu'il serait fou de reproduire au XXIe siècle. Aucune idéologie ne peut faire abstraction de plus d'un millénaire d'Histoire. La civilisation islamique, celle qui ne se définit pas uniquement par la religion, mais aussi par l'extraordinaire patrimoine culturel des territoires qu'elle recouvre, est le reflet de ces siècles d'Histoire que nie le salafisme. Réduire l'identité islamique à une charia qui s'est figée à la mort de Mahomet, c'est condamner cette culture à la disparition. L'islam n'a pas sa place dans le monde moderne en tant que législation. Pas plus que le christianisme ou le judaïsme. Il ne pourra survivre qu'en tant qu'héritage culturel sécularisé, critiqué, soumis à la loi et à la raison. Il ne sera accepté que s'il est désacralisé et que la charia est déclarée définitivement obsolète. Autrement, l'islam sera condamné à vaincre ou à être vaincu, car aussi longtemps qu'il y aura des Hommes qui ont le projet de l'appliquer à la lettre et de reconstruire la *Oumma* de Mahomet à l'identique, il y aura du terrorisme.

L'islamisme, un fascisme comme les autres

Seul un totalitarisme peut garder pendant des siècles un secret aussi lourd que la *Sira* de Mahomet. Ceux qui ont osé effleurer le personnage en France en sont morts. Quant à ceux qui vivent sous le joug de l'Islam depuis toujours, ils ont intériorisé au fil des générations cette peur diffuse du châtiment céleste et terrestre. Une religion de paix et d'amour ? Même les Musulmans n'en croient pas un mot, car ils savent au fond d'eux qu'ils n'aiment pas Dieu, mais qu'ils le craignent. Islam signifie soumission, et cette soumission s'est très largement faite par la terreur.

L'Europe, vaccinée contre les relents du fascisme qui en ont détruit les structures politiques et sociales au XXe siècle se laisse piéger par le fascisme islamique sous prétexte que celui-ci serait inhérent à la culture, donc aux droits d'une communauté ethnique. En réalité, si une partie de cette communauté a fini par revendiquer des clichés identitaires dont on l'a affublée, c'est que l'islamisme œuvre depuis fort longtemps à gommer les spécificités culturelles de ses fidèles pour leur substituer une pensée unique. Les langues anciennes et les dialectes disparaissent en faveur de l'arabe coranique. Les costumes traditionnels ou les tenues modernes sont remplacés par un uniforme blanc pour les hommes et noir pour les femmes. Les identités nationales sont rejetées pour appartenir à l'Etat islamique, un pays transfrontalier qui se trouve en Syrie, en Irak, en Libye, en Somalie, au Mali, en Afghanistan ou sur Internet. Même les attaches familiales et sociales sont dissoutes pour former un nouveau cercle de socialisation fondé sur l'obédience au salafisme djihadique. Quelle différence y-a-t-il alors entre le fascisme de l'extrême droite européenne et celui des islamistes ?

Les deux ont d'abord en commun le lien étroit entre le religieux et le pouvoir. Si certains fascismes européens du XXe siècle, comme le franquisme, le salazarisme ou le clérico-fascisme italien se servaient de la religion majoritaire comme moyen d'oppression, le fascisme islamique, lui, en fait une fin en soi. L'islam, par son essence même, est une orthopraxie et non une orthodoxie. Plus que la spiritualité personnelle, c'est surtout le zèle dans l'exécution des rituels qui définit le Musulman. Partout où l'islam atteint un pouvoir sans partage, les moyens de coercition étatiques sont mis au service de l'accomplissement de ses préceptes. Cela va de la Commission de la propagation de la vertu et de la répression du vice en Arabie saoudite, aux articles du code pénal qui punissent les rapports sexuels hors mariage dans les théocraties islamiques plus « modérées ». Comme le fascisme traditionnel, le fascisme islamique s'accomplit sur le déni de la notion de citoyenneté à laquelle il préfère le concept théologique de *Ra'iyya*, un groupe de gens assujettis au même chef qui représente Dieu sur terre. Si les démocrates reprochent aux fascismes leur instrumentalisation du religieux, ce lien est beaucoup plus explicite dans le fascisme islamique. D'ailleurs, c'est cette négation de l'individu en faveur du groupe qui explique que les extrêmes droites, islamique comprise, exacerbent les vertus guerrières au mépris de l'humanisme. Le djihad n'est ni une trouvaille militante pour jeunesse désœuvrée, ni une invention d'un mufti farfelu pour harceler l'Occident. *Al-Jihâd fî sabîli Allah* – l'effort (de guerre) dans le sentier d'Allah – est la plus belle preuve de piété et de bravoure que le Musulman puisse offrir à son Dieu. S'il n'est certes pas un des cinq piliers de l'Islam, puisqu'il n'oblige pas l'ensemble des Musulmans, il est un devoir pour tout homme en bonne santé. Quant aux femmes, rien ne les empêche d'aller au djihad si elles le souhaitent, puisque les *Mères des croyants,* les épouses du prophète, l'ont parfois pratiqué. Un bon musulman est un réserviste du djihad. Une bonne musulmane, elle, a interdiction de se mesurer aux hommes en tout, sauf au djihad. Les milliers de recrues qui rejoignent l'Etat islamique depuis sa création se nomment d'ailleurs *Jund Allah*, les soldats de Dieu.

Mahomet a dit : « Celui parmi vous qui voit un vice, qu'il le change avec sa main, s'il ne peut pas, avec sa langue, ceci est la moindre chose pour défendre la foi. »[1] Ce hadith montre bien que l'Islam peut être de nature complètement différente selon s'il se trouve en position dominante ou dominée. Cette différence se distingue nettement entre l'Islam avant l'Hégire, lorsque Mahomet était persécuté par les Mecquois, et l'Islam après l'Hégire, lorsqu'il a construit son propre Etat à Médine. Les versets révélés au cours de la première période appelaient à croire en Dieu et étaient pour certains parfaitement compatibles avec le principe de liberté de culte. Malheureusement, ces versets ont été abrogés une fois que Mahomet a créé son Etat. Renforcé, il a débuté sa longue entreprise de conquête de façon de plus en plus brutale, jusqu'à la soumission de

---
1 Transmis par Abû Saïd al-Khudari, rapporté dans le Sahîh de l'imam Muslim.

toute l'Arabie et au-delà. C'est cela aussi le fascisme islamique ; il admet une propagation par étapes, et reconnaît même la *Taqiyya* comme stratégie politique pour parvenir à imposer le joug islamiste par la ruse. Cette pratique préconisée par le prophète ainsi que par de nombreux imams, consiste à dissimuler sa foi en totalité ou en partie lorsqu'il y a une crainte de persécution. Aujourd'hui, la *Taqiyya* est utilisée par les islamistes pour remporter des victoires politiques en ne révélant pas aux sociétés où ils évoluent la nature liberticide de leur projet. D'ailleurs, à l'instar du fascisme mussolinien avant 1924 ou du nazisme avant 1933, l'extrême droite islamique propose un programme large qui reconnaît certains principes des droits humains et civiques afin de parvenir au pouvoir. C'est ainsi que les islamistes se sont greffés sur le printemps arabe, initié par une jeunesse libertaire et majoritairement laïque, en se présentant comme une alternative « démocratique » aux dictatures en place. Tapis dans l'ombre depuis des décennies, structurés et constitués en partis ou en associations, ils ont pu court-circuiter des révolutions désorganisées qui ne proposaient pas de formules politiques prêtes à l'emploi pour combler le vide laissé par les anciens régimes. Ce fut le cas en Tunisie et en Egypte, où les partis Ennahda et les Frères musulmans ont profité du discrédit des partis traditionnels pour se positionner comme une nouvelle élite politique intègre, moderne et populaire. Leur virginité de pouvoir les a rendus séduisants aux yeux d'un électorat peu méfiant envers des islamistes « modérés » qui avaient repris à leur compte toutes les revendications de liberté et de justice sociale scandées par la jeunesse.

Une fois au pouvoir, les barbus ont revu leur « virilité » politique à la baisse. Comme leurs prédécesseurs, ils ont courbé l'échine devant le « grand Satan américain », appliqué à la lettre les recommandations du FMI, pour mieux se rabattre sur les libertés individuelles. Au Maroc où les islamistes du Parti Justice et Développement (PJD) ont remporté les législatives de novembre 2011 après des mois de protestations populaires, le pouvoir est imperturbablement resté là où il s'est toujours situé : au palais royal. Le grand changement promis par le parti d'Abdelilah Benkirane[1] s'est principalement traduit par une politique sournoise de lutte contre l'impiété : petites mesures de harcèlement des consommateurs d'alcool, blocage systématique des projets de loi en faveur de l'égalité hommes-femmes, et promotion de « l'art propre ». Le concept rappelle que les islamistes ont en commun avec le fascisme traditionnel leur aversion pour les intellectuels et les arts. En Turquie, où les dirigeants de l'AKP passaient pour les plus fréquentables de la sphère islamo-fasciste, les condamnations pour « dénigrement des

---

1 Premier ministre marocain depuis la victoire du Parti Justice et Développement (pjd), de tendance islamiste, aux législatives du 25 novembre 2011.

valeurs religieuses » n'ont cessé de pleuvoir sur les artistes comme le pianiste Fazil Say ou les écrivains comme Sevan Nichanian. Pourant, le parti d'Erdogan avait longtemps servi de caution de modernité et de compétence aux partis islamistes arabes. Les performances économiques de la Turquie et le progressisme de ses élites étaient avancés comme une preuve de la capacité des islamistes à diriger un pays. Aujourd'hui, la tournure totalitaire du pouvoir turc après la tentative de coup d'Etat de juillet 2016 scelle la faillite définitive de l'Islam politique et ne laisse plus aucun doute sur la tolérance des islamistes à la démocratie.

L'une des caractéristiques essentielles du fascisme tel que nous le connaissons en Europe est l'incarnation individuelle de la nation. Chez les islamistes, Mahomet est la figure suprême du chef de l'Etat qui conserve pour l'éternité son pouvoir spirituel et lègue son pouvoir temporel au Calife. Le culte exacerbé de la personnalité du prophète va jusqu'à l'interdiction de le représenter, sous peine de mort. Ceux qui pensent que seule une poignée de fous est capable de tuer pour un dessin de Mahomet ignorent que partout où l'Islam règne en religion d'Etat, la caricature et le dessin de presse sont réprimés. Le roi Hassan II qui s'était arrogé le titre de Commandeur des croyants en 1962, a vite fait d'interdire la caricature, la sienne et celle de son entourage en particulier. Il a justifié sa décision par les mêmes raisons exégétiques que les assassins de *Charlie Hebdo* : en dessinant, on défie la puissance créatrice d'Allah. Hassan II est mort, mais on ne peut toujours pas caricaturer Mohammed VI, parce qu'il serait un lointain descendant du prophète. Une description physique détaillée de Mahomet existe pourtant dans les textes islamiques, notamment dans la *Sîra* d'*Ibn Hibbân*[1] ou dans *Al-Mu'jam* de *Tabarânî*[2]. Clair de peau, grand de taille, il avait les cheveux noirs et les sourcils fournis et joints. Sa barbe était orange, teinte au henné, la plante de ses pieds bien voutée, sa poitrine et ses bras velus. Les sources de la *Sîra* ont poussé la précision jusqu'à décrire la ligne de poils qui descendait de son torse jusqu'à son nombril. Contrairement à Jésus, Mahomet n'était qu'un homme, mais un homme hors du commun. De nombreux textes l'entourent d'une aura quasi divine en lui attribuant des pouvoirs surnaturels. Le jour de sa naissance à la Mecque, un rayon de lumière serait sorti du ventre de sa mère et aurait éclairé jusqu'à Damas. Il serait né propre, circoncis, les yeux entourés de khôl[3]. Il possèderait aussi une puissance sexuelle équivalente à celle de trente hommes, puisqu'il honorait

---

1 Al-Sîra al-Nabawiyya de Abû Hâtim Muhammad Ibn Fayçal al-Tamîmî al-Dârimî al-Bustî (mort en 965), cheikh du Khorasan.
2 Al-Mu'jam al-kabeer (25 volumes de 7800 pages) de Abû al-Qâsim Sulaymân Ahmad Ibn Ayyûb al-Tabarânî (873-970).
3 As-Sîra al-Halabiya, livre de sa naissance.

ses onze femmes les unes à la suite des autres en une heure[1]. Aujourd'hui encore, le Musulman est sommé de sacrifier sa raison aux mythes qui nourrissent le culte de la personnalité du prophète. Les relativiser, c'est se porter coupable de blasphème.

Selon Robert O. Paxton dans *Le fascisme en action*[2], les régimes fascistes se distinguent des dictatures autoritaires traditionnelles par le fait qu'ils tiennent compte des impulsions « radicalisatrices » en provenance de la base – les croyants –, en plus de ce que disent et font leurs dirigeants. Les sociétés fascistes mettent en place un large système populaire de suspicion-délation sans lequel les intentions du chef ne pourraient être rendues possibles. C'est en cela que le combat islamiste pour normaliser le port de l'uniforme salafiste est loin d'être une lutte fortuite pour une simple liberté vestimentaire. Il ne s'agit rien de moins que d'une technique de marquage visuel qui permet d'identifier les non-adhérents à l'idéologie islamiste. Là où le voile et le port du *Qamis*[3] se répandent, celles et ceux qui continuent de s'habiller à la mode occidentale sont stigmatisés comme non pratiquants et deviennent une cible potentielle du djihad. En Occident, ce travail de marquage vestimentaire inverse les rôles et se positionne comme

---

1 Sahîh al-Bukhârî, transmis par Anas Ibn Mâlik.
2 Robert O. Paxton, *Le fascisme en action,* XXe siècle, Seuil.
3 Tenue masculine longue.

lui-même objet de stigmatisation et d'exclusion. Cette stratégie de victimisation est d'ailleurs un autre point commun avec les fascismes traditionnels. Les polémiques de plus en plus récurrentes en Europe sur les manifestations du culte islamique démontrent bien que les islamistes ne comptent pas se contenter de voir les Musulmans jouir des mêmes droits que les autres, mais bien d'avoir des droits spécifiques à eux. Par ailleurs, le fait que des milliers d'intermittents du djihad, issus de tous les pays, s'envolent d'un foyer de charia vers l'autre en fonction des changements géopolitiques, est la preuve qu'il ne leur suffit pas d'être libres de pratiquer leur foi, mais qu'ils nourrissent l'ambition de conquérir des territoires. Hier c'était au Cachemire ou en Afghanistan, aujourd'hui c'est au Mali, en Libye ou en Syrie, et demain ça sera partout où ils le pourront, dans l'enceinte même de la « forteresse chrétienne » qui leur était restée fermée jusqu'ici.

Négation du pluralisme social, sexisme répressif contre les femmes et les homosexuels, entretien de milices armées, adoption d'un drapeau et d'une terminologie... Le fascisme islamique ressemble en tout aux fascismes d'extrême droite traditionnels, mais il a réussi là où ils ont tous échoué : se donner une respectabilité aux yeux de ses propres ennemis parmi l'extrême gauche, les intellectuels, les antiracistes, les politiques et même les féministes.

Les collaborationnistes français

Ce tour de force sémantique, les islamistes n'auraient jamais réussi à l'imposer sans la complicité de composantes de la société française *a priori* insoupçonnables de collaborationnisme avec le fascisme islamique.

Une partie de la classe politique d'abord, droite et gauche confondues, qui par calculs électoralistes, préfère voir la société en parts de marché communautaires auprès desquelles il sera plus facile de conclure des compromissions démocratiques pour mieux s'acheter leurs votes par segments entiers. Qui mieux qu'un imam de mosquée pour faire passer une consigne de vote ? Comme leurs homologues des partis islamistes, certains hommes politiques français ont compris que le fonctionnement normal d'une mosquée, c'est cinq meetings par jour. Et tant pis si cela renforce la présence de l'Islam politique sur le sol français.

Il y a aussi l'extrême gauche. Surtout l'extrême gauche. Traditionnellement athée, elle est la meilleure caution du discours victimaire islamiste. Plus dogmatique que libertaire, cette gauche-là consent à tous les accommodements avec la démocratie pour mieux couver des « Musulmans » en qui elle perçoit paradoxalement un nouveau prolétariat. En 1994, Chris Harman, un des leaders marxistes du Socialist Workers Party (SWP) britannique publiait un article intitulé *The Prophet and the proletariat* [1], où il affirmait que l'extrême gauche avait commis l'erreur de considérer l'islamisme comme un fascisme, car il serait en réalité une réaction politique, sociale et anti-impérialiste au capitalisme. C'est principalement la gauche radicale qui prêtera son jargon politique aux islamistes pour transformer le voile en un symbole de liberté, les salles de prière clandestines en lieux de résistance à l'oppression et le terrorisme en acte de désespoir contre les crimes capitalistes de l'Occident.

Si l'extrême gauche a oublié son athéisme de principe, les islamistes, eux, ne l'ont pas oublié. Il faut avoir la mémoire courte pour ne pas se souvenir

---

1 International Socialism Journal, Autumn 1994.

qu'il y a quelques décennies à peine, l'islam radical a été la meilleure arme des capitalistes contre les communistes en Afghanistan. En politique, l'islamisme sert à tout, mais se sert surtout lui-même pour faire avancer son projet de *Oumma*. Les communistes ont-ils oublié les purges de Khomeiny contre le parti communiste Tudeh ? Ont-ils oublié que les dictatures arabes inféodées à l'Occident capitaliste ont créé, financé et armé toutes les mouvances islamistes qui voulaient bien « casser du gauchiste » dans les universités et les milieux intellectuels ? Cette guerre froide qui se jouait dans les sociétés arabes entre gauche progressiste et islamistes, a d'abord été remportée par les dictatures en place, qui ont depuis cédé le pouvoir aux islamistes qu'elles avaient nourris. Les partis islamistes criaient déjà à la persécution pendant qu'ils remportaient victoire sur victoire, pendant que la philosophie et la théorie de l'évolution disparaissaient des manuels scolaires pour être remplacées par des cours de Hadith ou d'ablutions. Les islamistes se plaignaient en Occident du manque de démocratie dans les dictatures panarabes et se réjouissaient dans leurs pays de voir les femmes se voiler en masse, les mosquées s'ériger à la place des écoles et des hôpitaux. Comment l'extrême gauche a-t-elle pu conclure cette alliance contre-nature avec des islamistes qui ne jurent que par l'Arabie saoudite et le Qatar ? Paxton rappelle que le fascisme affiche un esprit supposément anticapitaliste et antibourgeois, mais que les partis fascistes qui ont accédé au pouvoir n'ont jamais concrétisé leurs menaces anticapitalistes. Ils ont cependant agi sans concession envers le socialisme. Lorsque l'extrême droite islamiste édifiera sa *Oumma,* ce n'est pas chez les communistes athées qu'elle puisera les règles économiques qui régiront son Etat, mais dans l'exemple de la Cité primitive de Mahomet. A l'instar des extrêmes droites européennes, les islamistes adoptent le discours anticapitaliste pour appliquer un capitalisme effréné une fois installés au sommet de l'Etat. Si l'extrême gauche pousse l'aveuglement jusqu'à voir en les « Musulmans » un nouveau prolétariat, il lui suffit d'ouvrir les yeux sur le système économique saoudien pour avoir un aperçu du peu de cas que fait l'islamisme des considérations ouvrières, les droits sociaux en islam étant réduits à la notion de charité.

Le fascisme islamique trouve hélas d'autres complices parmi les défenseurs des droits humains, notamment dans les milieux antiracistes. En France, la problématique islamiste a toutefois eu le mérite de faire émerger deux courants distincts au sein de la mouvance antiraciste : les universalistes et les identitaires. Pour les premiers, la lutte antiraciste vise à gommer les différences entre les Hommes afin qu'ils soient tous égaux en droits et en devoirs. Les seconds ont au contraire fait de l'antiracisme une bataille pour institutionnaliser les divisions. Ils n'hésitent pas à exploiter les technicités juridiques du débat sur les libertés pour revendiquer les expressions militantes de l'une des idéologies les plus liberticides comme étant un droit à la différence. Grâce à cette dialectique, les femmes en voile intégral sont devenues dans les discours islamiste et identitaire de braves combattantes de la liberté individuelle et le burkini un habit d'émancipation. Ils en arrivent presque à faire oublier à des esprits éclairés qu'avant d'être revendiqué comme une banale tenue vestimentaire par les islamistes, le voile intégral est un uniforme obligatoire dans les pays où le projet islamiste a réussi, et que celles qui refusent de le porter se voient infliger des châtiments corporels sur la place publique. La féministe algérienne Wassila Tamzali qui a vu les femmes de son pays se couvrir en masse en quelques décennies apporte l'une des meilleures réponses au paradigme voile-liberté défendu par les islamistes et leurs idiots utiles laïcs. Pour elle, le voile n'est pas un choix, mais un consentement.

Il convient de rappeler que les restrictions vestimentaires islamiques, si elles ne nous obligent guère en démocratie, ne sont toutefois pas réservées aux Musulmanes. Les féministes qui s'élèvent contre l'invisibilisation des femmes par les islamistes sont taxés d'islamophobes, et sommés d'accepter, voire de défendre le voile et ses dérivés intégral ou aquatique s'ils veulent conserver leur vertu humaniste et ne pas entacher leur combat par des soupçons de racisme. Si certains féministes sont lamentablement tombés dans le piège tendu par les islamistes, les plus intègres d'entre eux ne s'y trompent guère : le voile sous toutes ses formes est loin d'être une banale étoffe synonyme de pudeur ou de spiritualité, mais bel et bien un instrument militant pour faire avancer le fascisme islamique en domestiquant les femmes. Qui a jamais entendu parler des interdictions vestimentaires masculines en islam ? Seule une minorité de connaisseurs savent qu'il est strictement interdit à l'homme musulman de porter de la soie, de l'or ou de l'argent. Si certains pratiquants observent sans doute cette règle dans le souci personnel de plaire à leur Dieu, elle n'a jamais fait l'objet de débats publics enflammés pour autant. On n'a jamais entendu des salariés d'une entreprise quelconque crier à l'islamophobie en raison de la présence de fils de soie dans leurs uniformes de travail, ni vu des bijoutiers se faire lyncher pour avoir vendu des gourmettes en argent aux messieurs. Le voile est donc bel et bien un instrument sexiste, et non une expression de spiritualité. Pis encore, le concept théologique de la *Awra* en islam, qui signifie toutes les parties du corps qui doivent être couvertes par pudeur, existe aussi pour les hommes. La *Awra* des femmes, telle que définie par le prophète, va rigoureusement de la tête aux pieds, à l'exception des mains et du visage. Ce qui n'empêche pas certaines – soit dit en passant – d'exiger le droit d'arborer gants noirs et voile intégral comme une expression légitime de leur religion. La *Awra* des femmes inclut d'ailleurs leur voix, d'où l'interdiction stricte qui leur est faite en islam de chanter en public, d'élever le ton ou d'accomplir leurs prières en *Jahr,* à voix haute, comme il est permis aux messieurs. Cependant, l'obligation de couvrir la *Awra* concerne également les hommes, même si leur zone de pudeur ne va que du dessus du nombril jusqu'au-dessous des genoux. Pourtant, pas de « Burcaleçon » sur les plages de France, d'Algérie ou d'Angleterre. Les mêmes islamistes qui veillent avec virulence à couvrir la pudeur des femmes exhibent allègrement la leur en shorts de bain à la mode, les mêmes que leurs congénères impies. Refuser de se soumettre à l'exigence islamiste de normaliser le voile, ne pas être dupe face aux arguments qui le défendent, ne pas admettre comme une honorable liberté religieuse l'une des formes les plus rétrogrades de discrimination et de réification des femmes, c'est être islamophobe. Certains féministes ont d'ailleurs capitulé depuis longtemps dans cette guerre face au fascisme islamique qui a fait du corps des femmes son champ de bataille, rejoignant ainsi le bataillon des collaborationnistes de l'islamo fascisme. Il y a des années, lorsque les Français débattaient encore de l'admission du voile intégral à l'université, certains courants féministes exhortaient les autorités universitaires à dérouler le tapis rouge aux étudiantes couvertes de noir sous prétexte qu'elles étaient probablement obligées par leurs pères, frères ou époux à porter le *niqab*. Il ne fallait surtout pas prendre le risque de les exclure alors qu'elles étaient déjà « victimes ». Ainsi, les féministes en question ont déchu les Musulmanes des principes universels du féminisme : le libre arbitre des femmes et leur droit inaliénable à disposer de leur corps. Sous couvert d'antiracisme, ce féminisme crypto-islamiste adopte la posture raciste du relativisme culturel. Pour ne pas être islamophobe, il faut accepter la tutelle masculine sur les Musulmanes. Contraindre une femme à porter un habit qu'elle n'a pas choisi est une violence, mais plutôt que d'en sanctionner l'auteur, les islamo-féministes proposent de s'en accommoder. Cela reviendrait à fermer les yeux devant une femme à l'œil au beurre noir, par crainte qu'elle ne se replie sur elle-même et renonce à toute vie sociale. Mais les compromissions de certains courants du féminisme face au fascisme islamique ne s'arrêtent pas là. En France, le concept de « féminisme islamique » a la cote dans certains cercles féministes, sous prétexte de faire avancer le combat des femmes dans les théocraties islamiques.

En réalité, ce ne sont pas les droits des femmes qu'ils contribuent à promouvoir, mais l'islamisme en lui apportant une caution féministe, car appeler à l'application *stricto sensu* de l'islam lorsque l'on est une femme, c'est avoir le syndrome de Stockholm. Le féminisme islamique est une imposture qui consiste à reconnaître aux femmes le droit de travailler, mais de les cantonner à des emplois compatibles avec la « pudeur », et surtout avec les tâches ménagères dont elles restent redevables à leurs époux. Les féministes de la plupart des pays musulmans se battent pour plus que cela. Quant à parler de féminisme islamique en France, c'est une inacceptable régression. L'éthique du « Care » promue par les intégristes évangéliques dit la même chose, avec l'obligation de se voiler en moins. Pourtant, aucun féministe qui se respecte n'en fera la promotion comme un concept libérateur pour les femmes. Est-ce parce que le « Care » se destine à des femmes occidentales ? Ou bien est-ce parce que rejeter le féminisme islamique serait islamophobe ? Dans les deux cas, accepter un féminisme au rabais pour les femmes musulmanes en le refusant pour soi est la définition-même du racisme.

Après cette brève liste de collaborationnistes contre-nature du fascisme islamique, vient une autre catégorie de complices, plus attendue cette fois-ci : les imams « modérés ». Ils ont pignon sur rue, s'expriment dans les médias, condamnent le terrorisme et plébiscitent le dialogue interreligieux. S'il n'existe aucune quantification scientifique de la « modération » de ces imams, on peut supposer qu'elle désigne ceux qui ne frayent pas avec les milieux djihadistes et qui condamnent le terrorisme.

Ils ne condamnent cependant pas tout ce qui y conduit. La course à la « condamnation » des attentats par des imams « modérés » fait dorénavant partie du décorum post-attentats. Une authentique hypocrisie, car il est inutile de condamner ce qui l'est déjà par la loi. Dorénavant, chaque imam qui souhaite acheter son étiquette de « modération » s'empresse de condamner les attentats, des crimes de masse que la planète entière condamne, alors qu'il ferait mieux de condamner les textes qui les justifient. Mais aucun imam, tout modéré soit-il, ne s'aventure jamais dans le terrain miné de la critique des textes. Ce travail fort risqué est abandonné aux libres penseurs de l'Islam, intellectuels, écrivains et autres hérétiques qu'aucun imam modéré ne vient d'ailleurs défendre lorsque la vindicte islamiste s'abat sur eux. Lors de la polémique sur le port du burkini, aucun imam « modéré » n'a levé le petit doigt pour dire qu'une Musulmane pourrait parfaitement porter le maillot de bain. Ils se sont toujours rangés du côté de ceux qui crient à l'islamophobie, exacerbant ainsi le sentiment infondé chez les Musulmans modérés d'être une communauté haïe et persécutée. La plupart de ces imams veulent bien revendiquer les valeurs françaises pour défendre – à raison – la liberté du culte musulman en France, mais se refusent à faire leur prêche du vendredi en langue française. Dans un pays où la messe en latin est synonyme d'intégrisme, les Musulmans, eux sont autorisés à prier dans une langue étrangère. Est-ce parce qu'ils sont considérés comme tels, ou est-ce parce que contraindre le culte musulman à parler français serait islamophobe ?

Les Imams « modérés » condamnent les terroristes mais combattent sur le champ des idées ce que ces derniers combattent par les armes : la critique de l'Islam. Ce qui a fait la carrière d'un Voltaire, d'un Rousseau, d'un d'Alembert ou d'un Diderot, c'est justement la critique virulente de la religion, leur anticléricalisme libérateur devenu le fondement de la culture française. Si les partisans de l'islamophobie dénient à leurs congénères le droit d'en faire autant avec l'Islam, c'est que l'idée sous-jacente est celle de s'en prendre à une « communauté » faible qu'il ne convient pas d'accabler davantage. Une idée raciste donc.

L'islamophobie : le blasphème occidental

Qu'en est-il de l'islamophobie dans le monde musulman ? Le terme serait un non-sens, un barbarisme dont personne ne cernerait l'utilité. Face à la foi du charbonnier du Musulman moyen, l'islamiste se contente de l'argument religieux, du châtiment du Tout-Puissant qui s'exerce par sa main. L'islamophobie n'existe pas en terre d'Islam, pas plus que des collectifs qui luttent contre elle, car elle est remplacée par le délit de blasphème ou d'apostasie. Si la charia punit le *Kufr*[1] de mort, comme le dispose le *Hadîth* de Mahomet : « Celui qui change sa religion, tuez-le ! »[2], la plupart des codes pénaux des pays musulmans ne vont pas jusque-là. Mais lorsque les islamistes défendent

---
1 Apostasie.
2 Hadith 3017, Sahîh al-Bukhârî.

leur droit à la liberté religieuse en Europe, ils n'hésitent pas à recourir à la coercition contre celle de ceux qui vivent en terre d'Islam. Du Maroc à l'Arabie saoudite, les peines vont de la prison ferme à la peine capitale, le fouet ou encore le lynchage populaire. Ceux qui en ont fait les frais ne se comptent plus, de Salman Rushdie, à Raëf Badawi, en passant par Nawal al-Saadawi, Tasleema Nasreen, Boualem Sansal, Kamal Daoud, Waleed al-Husseini, Cheikh Mohamed Ould El Mkheitir, Ayan Hirsi Ali, Nahed Hattar... Lorsqu'ils n'ont pas été assassinés, ils ont ont tous été apostasiés. Ils ont dû s'exiler ou se cacher, ils ont connu la prison, la torture et l'exclusion sociale. Mais en Occident, là où les libertés pour lesquels ils se battent sont acquises depuis longtemps, ceux qui défendent ces intellectuels sont taxés d'islamophobes.

Les islamistes revendiquent volontiers la notion de démocratie. Pourtant, non seulement ils n'en sont pas les inventeurs, mais ils lui ont inlassablement livré une guerre sans merci partout où elle a essayé de s'implanter. Dans son livre *Dialogue sur la laïcité,* l'Egyptien Faraj Fouda remontait aux débuts du parlementarisme en Egypte, lorsque Ahmed Lotfi al-Sayyed, fondateur de l'Université du Caire et du libéralisme égyptien, avait décidé de se présenter aux élections. Son concurrent qui représentait le courant conservateur avait alors trouvé l'idée géniale qui allait discréditer al-Sayyed : l'accuser d'être un *démocrate,* à Dieu ne plaise. A chaque fois que le mot était lancé, l'audience se confondait en expressions de condamnation pour invoquer la colère divine. Les défenseurs d'al-Sayyed, eux, niaient vigoureusement l'accusation. Leur candidat ne pouvait pas être démocrate, puisqu'il venait d'une bonne famille, pieuse, très à cheval sur les préceptes de l'islam. C'était ainsi dans les années 20 en Egypte, un pays pourtant très en avance sur le reste du monde arabe. C'est d'ailleurs en 1920 qu'a été créée la confrérie des Frères musulmans par Hassan al-Banna, grand-père de Tarik Ramadan, pour qui la démocratie était synonyme de *Kufr.* Heureusement pour l'Histoire que les démocrates de l'époque se sont montrés plus résistants à l'accusation d'hérésie que ceux de nos jours à celle d'islamophobie. Car aujourd'hui la démocratie est une valeur largement plébiscitée, y compris dans les sociétés islamiques. Mais là aussi, la stratégie des islamistes reste la même ; au lieu de se convertir à la démocratie, ils l'adoptent dans la forme pour mieux la vider de sa substance.

Les partis islamistes ont compris qu'ils avaient intérêt à afficher une démocratie de façade, même si leurs idéologues les plus radicaux continuent à la dénoncer comme satanique, puisqu'elle a pour but de faire triompher la volonté des Hommes alors que seule la loi d'Allah doit être appliquée. Comme un virus informatique qui exploite la structure de la machine pour la détruire, l'islamisme vicie les idées les plus implacables en les détournant à son compte. C'est ce que l'entreprise islamiste est en train de faire aujourd'hui avec le combat antiraciste, et c'est ce qu'elle a fait auparavant avec la démocratie. Les partis islamistes arrivés au pouvoir après le printemps arabe, ou encore le parti islamiste turc AKP, se targuent tous d'avoir été élus, ce qui ferait d'eux des démocrates. Pour eux, la démocratie se réduit à l'expression des urnes, puisqu'elle reflète la volonté de la majorité. Encore un piège sémantique dans lequel, hélas, tombent même les esprits les plus éclairés. La Grèce antique à qui l'on doit la démocratie avait aussi théorisé la « tyrannie du peuple » comme l'une des phases de l'anacyclose (la succession cyclique de régimes politiques) dont parle Platon dans *La République*. Plus tard, Polybe qui développa cette théorie inventa un terme pour désigner ce que les islamistes nomment aujourd'hui démocratie : l'*ochlocratie.* Le mot vient du grec : *Okhlos,* foule, et *Kratos,* pouvoir, et il désigne un régime politique dans lequel la foule, la multitude, impose sa volonté. L'ochlocratie des islamistes, si elle s'appuie sur la volonté de la majorité, incarne le règne du vulgaire qui impose ainsi son pouvoir aux minorités, alors que la démocratie, elle, vise avant tout à construire une société où les minorités sont protégées. L'Histoire l'a démontré, les choix de la majorité, lorsqu'ils ne respectent pas les principes fondamentaux des droits humains, peuvent donner naissance aux régimes les plus barbares. L'islamisme a pour alliée l'ignorance des masses, privées depuis toujours de moyens de s'instruire, nourries à la pensée bigote, incapables de faire preuve de sagesse politique parce qu'elles n'ont jamais été libres. A titre d'exemple, si l'on soumettait à référendum la question de l'homosexualité dans la plupart des sociétés islamiques, la majorité des électeurs voterait très certainement en faveur d'une stricte interdiction. Mais est-ce démocratique pour autant ? Evidemment, aucune nation ne peut se prévaloir de démocratie si elle ne respecte pas le droit à l'orientation sexuelle de ses citoyens. Ainsi, la véritable démocratie, telle que l'ont inventée les Grecs et telle que nous l'acceptons aujourd'hui, est avant tout la promotion des valeurs démocratiques. La volonté du peuple ne s'exerce que dans le cadre de Constitutions qui sanctuarisent les droits humains, consacrent la liberté de conscience, de culte, d'expression et d'orientation sexuelle, et protègent les minorités contre la dictature de la majorité. Si les Constitutions des théocraties islamiques acceptaient ces valeurs, et si les partis islamistes s'engageaient à leur strict respect, là seulement ils pourraient être admis comme des acteurs politiques démocrates ayant un référentiel conservateur d'inspiration religieuse.

Il y a plus de quarante ans, Faraj Fouda et d'autres intellectuels arabes, dont la plupart étaient de culture islamique, attiraient l'attention sur les dangers de l'ochlocratie islamique et faisaient déjà le parallèle avec la notion de laïcité, d'abord rejetée par les islamistes comme étant du *Kufr,* et ensuite revendiquée et réduite à sa portion congrue : la liberté de culte, la leur.

Faraj Fouda n'a pas eu l'occasion de s'exprimer sur un plateau de télévision français où il aurait probablement été traité d'islamophobe ou d'« intégriste laïque », puisqu'il a été assassiné le 8 juin 1992 devant son bureau au Caire par le groupe islamiste armé *al-Gamaa al-Islamiya.* Ce crime est intervenu cinq jours seulement après une fatwa du Conseil des Ouléma de l'université théologique Al-Azhar l'accusant de blasphème. Avant de le tuer, les islamistes l'avaient d'abord sali en affirmant dans leur journal *al-Nour* que ce père de famille diffusait des films pornographiques et organisait des orgies sexuelles dans des locaux associatifs. Au moment de son assassinat, Fouda était sur le point de remporter son procès en diffamation contre le journal islamiste. Après sa mort, l'éminent cheikh Mohamed al-Ghazali, admiré par de nombreux islamistes « modérés », dira que Fouda était un apostat, et qu'il était donc licite de le tuer. Sur les treize personnes accusées d'avoir fomenté ce crime, cinq seulement seront inculpées. En 2012, sous le règne des Frères musulmans, les assassins de Fouda qui purgeaient encore une peine de prison ont été graciés par le président islamiste « modéré » Mohamed Morsi. La boucle est bouclée.

Que disent les pleurnichards de l'islamophobie à ces millions d'individus qui vivent dans des théocraties islamiques, et qui rêvent de liberté ? Les médias occidentaux, dans une insupportable complaisance, ont défendu le burkini comme une « liberté » et une expression culturelle légitime d'une partie de l'humanité. Savent-ils seulement que sur les plages des pays musulmans, il n'y a jamais eu de burkini ? Il y a toujours eu des femmes en maillot de bain dans les pays où la loi l'autorise, même si elles se font de plus en plus rares. Les plages ne se remplissent pas de burkinis, mais elles se vident de femmes. D'année en année, elles disparaissent de l'espace public, parce que le voile n'a jamais été qu'une extension des murs de leur harem à l'extérieur. Elles savent, elles, ce que l'absence de liberté signifie. Elles savent que plus les femmes se couvrent de tissu, plus le harcèlement sexuel se fait violent et revendicateur.

Qui parle du cauchemar que vit une téméraire qui déciderait de traverser les rues d'Alger, de Casablanca ou du Caire en jupe ? Qui parle du calvaire que vivent ceux qui aiment boire un verre d'alcool dans des pays où il faut braver la loi pour le faire ? Qui parle des homosexuels, parias des sociétés musulmanes, qui n'ont souvent que le choix de la mort, de la prison ou de l'exil ? Qui parle de cette jeunesse née musulmane mais qui rêve d'une vie normale, de ces ados violentés pour avoir voulu vivre une histoire d'amour ? Ces millions d'anonymes qui subissent le joug de l'islamisme politique ou social, l'Occident participe à leur oppression en défendant la « liberté » de ceux qui les oppriment. Pourtant, ce sont eux qui luttent au quotidien contre le fascisme islamique, ils sont le vrai rempart contre cette idéologie qu'ils connaissent, puisqu'ils l'ont vue germer dans leurs écoles, leurs foyers et leurs quartiers. Ceux-là sont la preuve vivante que l'islamophobie est une imposture, car aucune race n'est née en *niqab*, aucune culture n'est vouée à devenir un totalitarisme, et aucun peuple n'est condamné à être régi par sa coutume.

Epilogue

La France a raison de honnir le racisme. Paradigme d'arrière-garde qui classe l'humanité en groupes hiérarchisés, il survit aujourd'hui sous des formes plus édulcorées. Les élites françaises n'ont pas le droit de trahir le noble combat antiraciste en adoptant la forme de racisme la plus pernicieuse qui soit : la condescendance. Le relativisme culturel face à un fascisme qu'aucune culture n'est obligée de subir n'est rien moins que du collaborationnisme. Les racistes, ce sont ceux qui, en Occident, adoubent l'idéologie de l'islamo-fascisme comme une définition essentialiste de l'identité musulmane. Ce sont soit des ignorants qui n'ont jamais entendu parler de Faraj Fouda, ni de Sayyid al-Qimni[1],

---

1 Intellectuel égyptien né en 1947 à Bani Suef en Egypte, il est l'une des voix contemporaines qui s'élèvent le plus contre l'islamisme et les institutions religieuses, et un fervent défenseur de la laïcité qui fait l'objet de plusieurs accusations d'apostasie et de fatwas de mort.

ni de Nasr Hamed Abu-Zayd[1], ni de Hoda Shaarawi[2], ni de centaines d'autres écrivains, poètes, artistes, féministes et journalistes, nés musulmans, qui se sont opposés avec force et érudition au projet islamiste. Ceux-ci ont porté un regard critique sans concession sur l'Islam en tant que religion, et ont tous payé au prix fort ce courage qui fait tant défaut aux idiots utiles des islamistes. Les véritables racistes, ce sont aussi ceux qui ont entendu parler du combat de tous les laïques de culture musulmane, qui l'ont approuvé dans le fond, et qui s'en sont détournés sous prétexte que ces individualités « ne représentent pas la majorité ». Encore des ochlocrates.

Laisser les extrêmes droites dessiner les contours du débat autour de l'islamisme mènera fatalement à la destruction des acquis démocratiques. Les radicaux de tous bords exploitent ce ventre mou de la société, pris en otage entre les identitaires et les pleurnichards de l'islamophobie. La liberté de ne pas être libre n'existe pas. Aucune démocratie n'a le droit de se détourner de ses valeurs par complaisance envers

---

1 Théologien égyptien libéral né en 1943 dans la province de Tanta en Egypte, il fit l'objet de nombreuse persécutions en raison de ses analyses du texte coranique. En 1995, accusé d'apostasie, la justice égyptienne procède à l'annulation de son mariage, et il dut fuir les menaces de mort en direction de Pays-Bas où il mourut en 2010.
2 Pionnière du féminisme dans le monde arabo-musulman (1879-1947). En 1923, alors qu'elle rentrait vers l'Egypte d'un congrès à Rome, elle décida de ne pas remettre son voile et de poursuivre son activité politique au sein du mouvement nationaliste égyptien à visage et cheveux découverts.

ceux qu'elle estime être « faibles ». Les valeurs républicaines sont faites pour tout le monde, et le rappeler, c'est revendiquer le lien indéfectible entre la République et tous ses enfants. Les démocraties ne doivent pas oublier qu'elles n'ont pas de leçons de liberté à recevoir de ceux qui l'oppriment. La liberté de culte revendiquée par les islamistes n'a de pertinence que si ces islamistes respectent la liberté de conscience de ceux qu'ils estiment être des membres de leur communauté.

Pour lutter efficacement contre le terrorisme, il faut combattre sans merci l'idéologie qui le produit. Le fait terroriste ne se résorbera que s'il est considéré comme un bloc idéologique et non comme un phénomène criminel ad-hoc. Prendre conscience que l'islamisme est un fascisme permettra de stigmatiser l'idéologie et non les individus issus de la culture islamique. Pour anéantir le fascisme après-guerre, les démocraties ont non seulement jugé ses crimes, mais elles ont aussi fait porter l'opprobre de son idéologie à ses sympathisants, elles ont interdit la littérature nazie et toutes les expressions « pacifiques » des fascismes. Aujourd'hui, personne ne fait l'amalgame entre un Allemand et un nazi, ou entre un Italien et un fasciste. L'injonction systématique à ne pas faire d'amalgame à chaque fois qu'un attentat terroriste islamique est commis ne peut émaner que du cerveau de ceux qui le font.

Si l'islam n'est qu'une religion comme les autres, sa critique ne doit pas plus susciter d'accusation d'islamophobie que celle du christianisme une accusation de « christianophobie », donc un racisme supposé anti « race » chrétienne.

Les libres penseurs issus de l'Islam n'ont pas attendu l'aval des islamistes ou de leurs collaborationnistes occidentaux pour entreprendre un travail de raison face aux mythes sacralisés de la religion de Mahomet. Ils bravent la menace de mort sociale ou physique, de prison et de calomnie pour faire triompher des valeurs universelles que l'Occident croit acquises, mais que le fascisme islamique, comme autrefois le fascisme européen, ne manquera pas d'ébranler s'il n'est pas fermement combattu. Cet Occident, lorsque ceux qui ont le courage de se battre contre le fascisme islamique s'y sont réfugiés, a laissé leurs persécuteurs les traiter d'islamophobes.

S'il prenait inconditionnellement parti pour ceux qui mènent ce combat, cet Occident saisirait une opportunité historique d'affirmer que ses valeurs sont bel et bien universelles.

**RECEVEZ NOS
PROGRAMMES
AVANT PARUTION
EN VOUS INSCRIVANT
À NOTRE NEWSLETTER
SUR RING.FR**

Achevé d'imprimer en novembre 2017
sur les presses de la Nouvelle Imprimerie Laballery
58500 Clamecy
Dépôt légal : novembre 2016
Numéro d'impression : 711144 - N° d'édition : 004
R47560/64

Imprimé en France

La Nouvelle Imprimerie Laballery est titulaire de la marque Imprim'Vert®

ISBN : 979-10-91447-56-0